DIX LitLe

Rachel Bisseuil
& Christian Guibbaud
# Elefantenzart und Mäusestark

*Aus dem Französischen
von Paula Rother*

Unser gesamtes lieferbares Programm und
viele ergänzende Informationen unter:
www.dix-verlag.de

ISBN 978-3-941651-49-4
Alle deutschsprachigen Rechte vorbehalten
© DIX Verlag, Düren Bonn 2011

Die Originalausgabe erschien unter dem Titel
„L'éléphant ZED"
© Editions HEMMA, Belgien

Illustrationen: Christian Guibbaud
Reihen- und Umschlaggestaltung: Franziska Walther
Coverschrift: exljbris
Gestaltung und Satz: fototypo, Berlin
Druck und Bindung: Uhl, Radolfzell
Printed in Germany

DIX LitLe

Rachel Bisseuil
& Christian Guibbaud

Elefantenzart und Mäusestark

Annabelle war eine ganz besondere weiße Maus. Sie war schon allein deshalb außergewöhnlich, weil sie nicht mit anderen Mäusen befreundet sein wollte. Sie wünschte sich einen Elefanten zum Freund.

„Warum benimmst du dich nicht wie alle Mäuse auf der Welt?", fragte ihre Mutter, denn sie verstand diese Launen ihrer Tochter nicht.

„Weil mir Elefanten gefallen! Sie sind gutmütig und nicht so wie diese fürchterlichen Mäuse in Bullis Bande."

Bulli war der Boss einer Mäusebande. Einer Gang weißer Mäuse, die der Schrecken der ganzen Nachbarschaft war. Sie waren so grässlich und frech, dass sich Annabelle schämte, selbst eine weiße Maus zu sein.

So kam es, dass sie beschloss, sich andere Freunde zu suchen.

„Das verstehe ich ja auch", sagte ihre Mutter, „aber Elefanten fürchten sich doch vor Mäusen."

„Ist doch klar, Mama, sie denken ja, wir wären alle wie Bulli und seine Bande."

Annabelle gab die Hoffnung nicht auf, mit einem Elefanten Freundschaft zu schließen. Wieder und wieder versuchte sie es, indem sie sich einem dieser grauen Riesen näherte. Aber sobald sie erblickt wurde, schrien diese Kolosse hysterisch auf und machten sich im Elefantengalopp aus dem Staub.

Dann, eines Tages war alles anders.
Annabelle stand vor einem Elefanten, der sich nicht vor ihr fürchtete.
„Ich kann es nicht fassen! Da stehe ich nun vor einem Elefanten und er fürchtet sich nicht vor mir", murmelte Annabelle mehr zu sich selbst als zu ihrem Gegenüber.
„Warum sollte ich mich denn vor dir fürchten?", fragte der Elefant mindestens ebenso überrascht.
„Na, weil sich alle Elefanten vor Mäusen fürchten", antwortete Annabelle.
„Oh, dann bist du wohl eine Maus?"
„Ich bin eine weiße Maus. Erkennt man das etwa nicht?"

„Es geht nicht darum, ob man das erkennt oder nicht. Ich sehe dich nicht!", antwortete der Elefant. Seine Augen waren hinter dunklen Brillengläsern nicht zu sehen. „Bin ich so schrecklich klein?"

„Nein, das ist es auch nicht. Ich kann nicht sehen, ob du groß oder klein bist. Auch Farben kann ich nicht sehen. Weißt du, ich sehe einfach nichts, gar nichts. Ich bin blind, wusstest du das nicht?"

„Jetzt wird mir alles klar. Jetzt weiß ich, warum du so freundlich zu mir bist und nicht schreiend vor mir Reißaus nimmst, wie all die anderen. Was meinst du, sollen wir Freunde sein? Dann gäbe es zum ersten Mal auf der Welt eine Freundschaft zwischen einem Elefanten und einer Maus – einer weißen Maus sogar."

Annabelles neuer Freund hieß Zett. Und er erzählte ihr, wie er zu diesem Namen gekommen war: Er war immer der letzte – wie der Buchstabe Z im Alphabet.

Klar, der Name passte perfekt, denn er war ja wirklich immer der letzte. Weil er ja nichts – gar nichts – sehen konnte, musste er sich mit seinem Rüssel immer bei anderen festklammern. Er bildete immer das Schlusslicht.

Annabelle und Zett wurden dicke Freunde. Und weil Zett ja nun wirklich nichts – gar nichts – sehen konnte, ließ sich Annabelle so allerhand einfallen. Manchmal war sie richtig traurig, dass er so wirklich kein bisschen sehen konnte. Er verpasste so vieles im Leben …

Aber wozu hat man Freunde? Sie erzählte ihm von dem, was er nicht sehen konnte. Immer andere Dinge … Eines Tages beschloss sie, ihm die Welt, in der sie lebten, mit Worten auszumalen.

„Hör zu, Zett, wenn es dir recht ist, beschreibe ich dir die Farben. Unsere Welt ist bunt. Wunderschön bunt."

„Das ist eine sehr gute Idee! Leg los!"

„Wir fangen mit Rot an", beschloss Annabelle. „Rot ist eine starke Farbe. Stark wie die Wut und der Schmerz. Aber Rot ist auch eine warme Farbe. Rot wie Feuer oder rot wie sonnengereifte Kirschen oder Tomaten schmecken."

„Die Farbe der Sonne ist das Gelb. Gelb als Farbe des Lichts. Zett, das Gelb des Lichts kannst du auf deinen Schultern spüren, wenn die Sonne scheint. Gelb ist eine sanfte Farbe und zugleich zuweilen auch eine grelle Farbe. Genau wie Bananen und Zitronen völlig verschieden schmecken, aber beide gelb sind."

„Gelb gefällt mir", unterbrach Zett seine Mäusefreundin in ihrem Redefluss. „Ich liebe Sonnenwärme und Bananen sind einfach köstlich. Ich glaube, Gelb ist meine Lieblingsfarbe!"
„Nun mal langsam", protestierte Annabelle. „Ich bin noch gar nicht am Ende. Es gibt noch viel mehr Farben …"

„Blau ist die Farbe des Himmels und Blau ist die Farbe des weiten, tiefen Meeres. Blau ist kalt, aber zugleich weich und sanft, wenn uns das Meerwasser die Haut streichelt."

„Blau gefällt mir", fiel Zett Annabelle ins Wort. „Blau ist meine Lieblingsfarbe! Ich liebe es, wenn mein Bruder mich mit seinem Rüssel nass spritzt und das Wasser mir über die Schultern rinnt."

„Du musst dich doch nicht jetzt schon entscheiden, warte doch mal ab, bis ich fertig bin ... Grün ist eine wunderschöne Farbe. Grün ist die Farbe der Bäume im Frühling und grün ist der Rasen unter unseren Füßen. Ich bin sicher, du erinnerst den Duft von frisch geschnittenem Gras. Das Grün ist so sanft wie das Blau und zugleich so lebhaft wie das Gelb, denn es ist eine Mischung aus beidem."

„Weißt du Annabelle, ob das Grün schön ist, kann ich ja gar nicht sagen, aber Gras duftet einzigartig. Ich glaube, Grün ist meine Lieblingsfarbe!"

„Z-e-t-t! Warte! Warte, bis ich fertig bin!"

„Es gibt auch Weiß. Weiß ist die Farbe des Schnees. Weiß ist kalt wie Schnee und warm wie Watte. Ruhig wie eine Wolke und still wie eine fallende Schneeflocke."
„Dann ist Weiß …"
„Geduld, mein Lieber, wir haben als Letztes nämlich noch Schwarz. Wenn wir die Augen schließen, sehen wir das Schwarz. Und zugleich sehen wir dann viele andere Dinge: Geräusche, Rätsel, Fantasien, Träume … in allen Farben. Das ist wie ein Nachthimmel voller Sterne. - So, das ist genug für heute. Jetzt darfst du mir sagen, welche Farbe deine liebste ist!"

Ohne zu Zögern gab ihr Zett seine Antwort: „Weiß! Weiß ist meine Lieblingsfarbe!"

„Weiß?! Warum denn ausgerechnet Weiß?"

Jetzt verstand Annabelle gar nichts mehr.

„Weil ich eine sehr gute Freundin habe, die Farbe in mein Leben gebracht hat ... Und diese Freundin ist eine w-e-i-ß-e Maus. Also muss meine Lieblingsfarbe doch Weiß sein! Oder?!"

Eines Nachmittags traf Bullis Bande auf Zett und Annabelle, die friedlich nebeneinander picknickten. Die Sonne schien und Zett genoss die warmen Strahlen auf seinem Rücken. Er liebte das. Und Annabelle saß daneben, einen Strohhut auf dem Kopf, und beschrieb ihm wieder mal die Welt.

Für Bullis Bande ein gefundenes Fressen. Nur allzu gern lästerten sie über Annabelle und Zett. „Zum Kaputtlachen die beiden", höhnte Bulli. „Dieser Elefant ist so blind, der sieht nicht mal, wenn wir ganz nah um ihn herumrennen."

„Huhu! Huhu! Zett! Hier sind wir!"
„Wer wir?", hakte Zett nach.
„Hoppla, ich vergaß … du bist ja blind, stimmt's?! Wie sollst du dann auch wissen, wer wir sind!"
„Und wer hat dir gesagt, dass ich nichts sehe?"
„Das weiß doch die ganze Welt, Zett! Und außerdem … deine dunkle Brille. Wenn du sehen könntest, würdest du nie mit diesen runden Scheiben vor den Augen rumlaufen. Damit siehst du ja aus wie …, wie ein Untier!"
„Ha, ha, ha." Bulli hatte die lachende Mäusebande auf seiner Seite.

„Das ist wirklich nicht gerade nett, was du da sagst, Bulli. Dennoch mache ich mir die Mühe, dir darauf zu antworten", erwiderte Zett höflich. „Die Brille muss ich tragen, weil mir das Licht der Sonne sonst in die Augen sticht. Und glaub mir, ich sehe dich sehr wohl. Ich sehe dich und alle deine kleinen Freunde. Ihr seid weiße Mäuse, aber vor euch hab ich keine Angst."

„Zett, du nimmst mich auf den Arm. Du weißt, dass wir weiße Mäuse sind, weil es dir jemand gesagt hat. Wie ein Dümmling wiederholst du einfach, was dir jemand vorplappert. Aber, dass du sehen kannst, glaube ich dennoch nicht. Nicht einmal bis zur Rüsselspitze kannst du sehen!"

„Ha, ha, ha", bekam Bulli wieder Beifall von seinen Mäusekumpanen.

„Meine Rüsselspitze, mein lieber Bulli, gleitet gleich über frisches grünes Gras, so grün wie die Bäume dort drüben." Bulli hörte schlagartig auf zu lachen.

Während Zett und Bulli so debattierten war Annabelle ganz heimlich und leise hinter Zetts Ohr gekrochen. Hier fühlte sie sich immer sicher und geborgen.

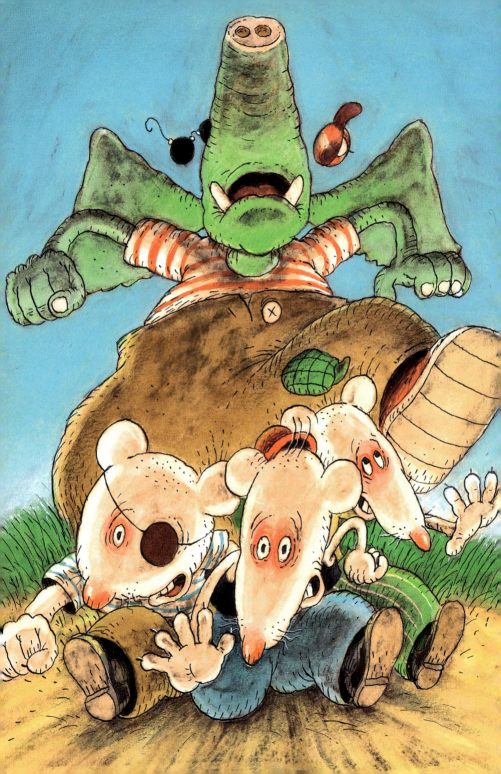

„Wenn dem so ist, Zett, dann kannst du doch auch sicher sehen, was über deinem Kopf ist?"
„Über meinem grauen Kopf ist schöner blauer Himmel mit einigen kleinen weißen Wolken. Wolken so weiß wie Schnee."
„Lass gut sein, Zett. Ich hab keine Lust mehr auf diese Spielchen. Hör auf, mich an der Nase herum zu führen", sagte Bulli, der das Ganze jetzt gar nicht mehr witzig fand.
„Und ich sehe jetzt", fuhr Zett sehr eindringlich fort, „wie du gelb anläufst, weil du sauer bist, Bulli. Aber glaub mir, auch ich habe genug von deinen dummen Späßen. ... Wenn du dich mit deinen Freunden jetzt nicht sofort aus dem Staub machst, werde ich grün vor Zorn ... Und ich kann dann auch noch rot werden vor explodierender Wut ..."
Darauf streckte Zett seinen Rüssel himmelwärts, machte einen Schritt auf die Mäusebande zu und stieß wilde Rufe aus.
Wie angestochen stoben Bulli und seine Bande davon. Damit hatten sie nicht gerechnet!

„Bravo, Zett! Du bist wundervoll! Denen hast du aber einen mächtigen Schrecken eingejagt, das kannst du mir glauben!", sagte Annabelle bewundernd.
„Da hast du recht. Ganz blau vor Schreck waren sie …", antwortete Zett lachend.

Und von diesem Tag an machte sich niemand mehr über Zett und Annabelle lustig, weder Bulli und seine Bande noch sonst irgendwer.

DIX LitLe – Literatur für Lesestarter
Eine Buchreihe für Jungen und Mädchen in ihren ersten Lesejahren

Wie lernen Kinder Lesen und wie gewinnen sie Spaß am Lesen? Dazu kursieren unterschiedlichste Ansätze und auch in Zukunft werden Experten immer wieder über Methoden streiten.

Es gibt bereits ein sehr großes Angebot an nach Alter, Schulklasse oder Leseumfang gestaffelten sogenannten Erstlesebüchern. Das ist gut und sicher hilfreich. Aber diese Bücher werden sehr schnell inhaltlich wie sprachlich quasi von sich selbst überholt. Jede dieser Einteilungen widerspricht auf die eine oder andere Art der Lese-Erfahrungswelt und der individuellen Entwicklung unserer Kinder.

DIX LitLe geht einen anderen Weg. **DIX LitLe** bietet Literatur für Jungen und Mädchen, Literatur, die von Lesestartern der ersten vier Grundschuljahre bewältigt werden kann. Literatur, die sie fordert – nicht überfordert. Geschichten, die Kindern in diesem Alter Spaß machen, damit ihnen das Lesen Spaß macht.

DIX LitLe-Bücher können perfekt in den kreativen – auch fächerübergreifenden – Schulunterricht eingeflochten werden, sie eignen sich hervorragend als Klassenlektüre und für Schulbüchereien.

Die Autoren dieser Bücher sind nicht nur versierte Kinderbuchschreiber, sie sind auch Pädagogen, Philologen und Leseförderer. Sie wissen, wie man bei Kindern Lust an Literatur wecken kann.

DIX LitLe-Titel wachsen mit: Im ersten Schuljahr wird ein Kind das Buch zusammen mit einem Vorleser in die Hand nehmen, nach und nach aber selbst darin lesen – je nach wachsender Lesekompetenz des Einzelnen.

DIX LitLe-Bücher gehören nicht zur großen Masse der Ex- und-hopp-Titel. Sie bieten inhaltlich und sprachlich so viel, dass Kinder sie wieder und wieder hervornehmen und mit zunehmendem Alter neue und andere Dinge in den Texten (und Bildern) entdecken.

DIX LitLe-Bücher sind sehr verschieden in Inhalt und Umsetzung, so wie auch Kinder zwar im gleichen Alter sind, aber völlig unterschiedliche Interessen haben.

DIX LitLe-Titel sind aufgrund ihrer Covergestaltung als Bücher für Lesestarter auf den ersten Blick erkennbar. Alle werden von Künstlern illustriert und bieten im Innenteil immer anderes – denn das Auge liest mit.

DIX LitLe-Bücher bieten kein Text-Fast-Food, sondern Literatur für Lesestarter, mit Texten, die Spuren hinterlassen.

DIX Verlag ist Mitglied bzw. Partner

- Arbeitsgemeinschaft von Jugendbuchverlagen (avj)
- Arbeitskreis Jugendliteratur e. V. (AKJ)
- Bundesverband Leseförderung e. V.
- Bundesverband Alphabetisierung und Grundbildung e. V.
- Kompetenzteam „Das andere Kinderbuch" der Hochschule Niederrhein
- KinderKulturFörderung e. V.

In der DIX LitLe-Reihe gibt es noch weitere Titel für Lesestarter

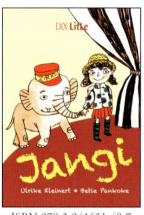

ISBN 978-3-941651-48-7

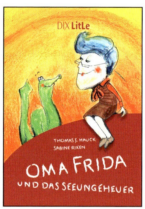

ISBN 978-3-941651-47-0

ISBN 978-3-941651-53-1

ISBN 978-3-941651-54-8

ISBN 978-3-941651-45-6

ISBN 978-3-941651-46-3

Fritzi und die kleinste Tierretterbande der Welt

Jutta Nymphius

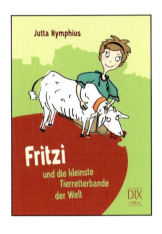

Wie gern wäre Fritzi ein richtiges Mädchen! Da sie aber von ihrem Vater versorgt wird, während ihre Mutter arbeitet, finden sich in ihrem Schrank nur Skaterjeans und schlabberige Shirts, und Papas Herrenfriseur kann auch nur Bürstenschnitte ... Es ist zum Verzweifeln!
Eines Tages gründet Fritzi mit ihren besten Freunden eine Tierretterbande. Doch der erste Einsatz ist nicht sehr erfolgreich, weswegen Lara und André schnell die Nase voll haben. Zu schnell, denn kurz darauf gerät Fritzis Freundin Hilde, eine alte Ziegendame, in ernsthafte Gefahr! Jetzt kommt es auf Fritzi ganz allein an ...

Der erste Band einer spannenden und fröhlichen Kinderroman-Reihe für Mädchen und Jungen ab 8.

ISBN 978-3-941651-64-7